Werner Milstein

Im sicheren Schatten deiner Flügel

auf den spuren der engel

Agentur des Rauhen Hauses Hamburg

im sichern schatten *deiner Flügel*
find ich die ungestörte Ruh.
Der feste Grund hat dieses Siegel:
Wer dein ist, Herr, den kennest du.

Johann Gottfried Herrmann, 1742

WENN DER HIMMEL immer ferner rückt, brauchen wir Wesen, die vermitteln, die in gleicher Weise Gott und dem Menschen nah sind. Engel werden zum Inbegriff menschlicher Sehnsucht, sie sollen uns Gott nahe bringen und zugleich uns ganz Mensch sein lassen.

IN EINER WELT, die immer undurchschaubarer und bedrohlicher erscheint, suchen wir nach Wesen, die uns beschützen und behüten, die auf unseren Weg treten und nicht von uns weichen. Engel werden zu den Garanten des Lebens.

IN EINER ZEIT, die sich immer mehr der Technik und der Sachlichkeit verschreibt, wächst zugleich das Bedürfnis, Gefühle und Emotionen zu erfahren und zu erleben. Kann es dem Engel gelingen, all diese Wünsche und Sehnsüchte zu erfüllen?

VOM ENGEL ERZÄHLT die Bibel und sie tut dies erstaunlich vielfältig. Wer den Engeln folgt, begegnet auf seinem Weg immer auch Gott, begegnet seiner Botschaft und seiner Gegenwart. Und es kann nicht anders sein, als dass wir dabei auch von den Menschen erzählen, die manchmal ganz unverhofft, ohne dass sie damit rechneten oder darauf zu hoffen wagten, Gott getroffen haben. Sie haben diese Geschichten weitererzählt für andere und zuletzt auch für uns, damit auch wir offen bleiben für die Gegenwart Gottes in unserem Leben. Wer Gott findet, der findet sich selbst.

Der Wächter des Paradieses

aN DER GRENZE stehst du,
zwischen Himmel und Erde,
zwischen Gut und Böse,
zwischen Leben und Tod,
zwischen Gott und Mensch.

Das Schwert hältst du in der Hand,
so hast du einst Adam und Eva
aus dem Paradies vertrieben.
Sie wollten sein wie Gott,
Grenzen wollten sie überschreiten,
nicht mehr nur Geschöpf sein,
sondern selbst zum Schöpfer werden.

Wo es aber um Gott geht,
wo alles auf dem Spiele steht,
da gibt es keine Kompromisse,
da gibt es auch kein Zurück mehr,
da ziehst du die Grenze
um Gottes willen,
um des Menschen willen.

Erlösung wird der Sohn bringen,
und wir werden ins Paradies zurückkehren,
und die Hand, die das Schwert umklammert hat,
wird uns über die Schwelle
in die Ewigkeit bringen.

GOTT DER HERR sprach: Siehe, der Mensch ist geworden wie unsereiner und weiß, was gut und böse ist. Nun aber, dass er nur nicht ausstrecke seine Hand und breche auch von dem Baum des Lebens und esse und lebe ewiglich! Da wies ihn Gott der Herr aus dem Garten Eden, dass er die Erde bebaute, von der er genommen war. Und er trieb den Menschen hinaus und ließ lagern vor dem Garten Eden die Cherubim mit dem flammenden, blitzenden Schwert, zu bewachen den Weg zu dem Baum des Lebens.

1. MOSE 3,22-24

Zu Gast bei Abraham

Gott kommt zu Abraham,
von drei Männern erzählt die Bibel,
es sollen Engel gewesen sein, sagt die Tradition.
Und doch geht es ganz alltäglich zu,
Getränke werden gereicht,
Speisen werden angeboten,
man isst, man trinkt, man spricht.

Wenn Gott aber zu uns kommt,
bleibt es nicht beim unverbindlichen Gespräch,
Gott bindet sich, er verheißt Abraham
den lange erhofften Sohn.

Auf ein Wort hin hatte er alles aufgegeben,
ging in das Land, das Gott ihm zeigte,
er glaubte und wartete, so viele Jahre schon.
Hält Gott ihn zum Narren,
ist es nicht längst schon zum Lachen?
So viel Zeit ist vergangen,
so alt sind sie schon geworden,
sie beide, Abraham und Sara.

Hoffnung geht gegen den Augenschein,
Abraham und Sara haben gut lachen,
Issak wird ihnen geschenkt.

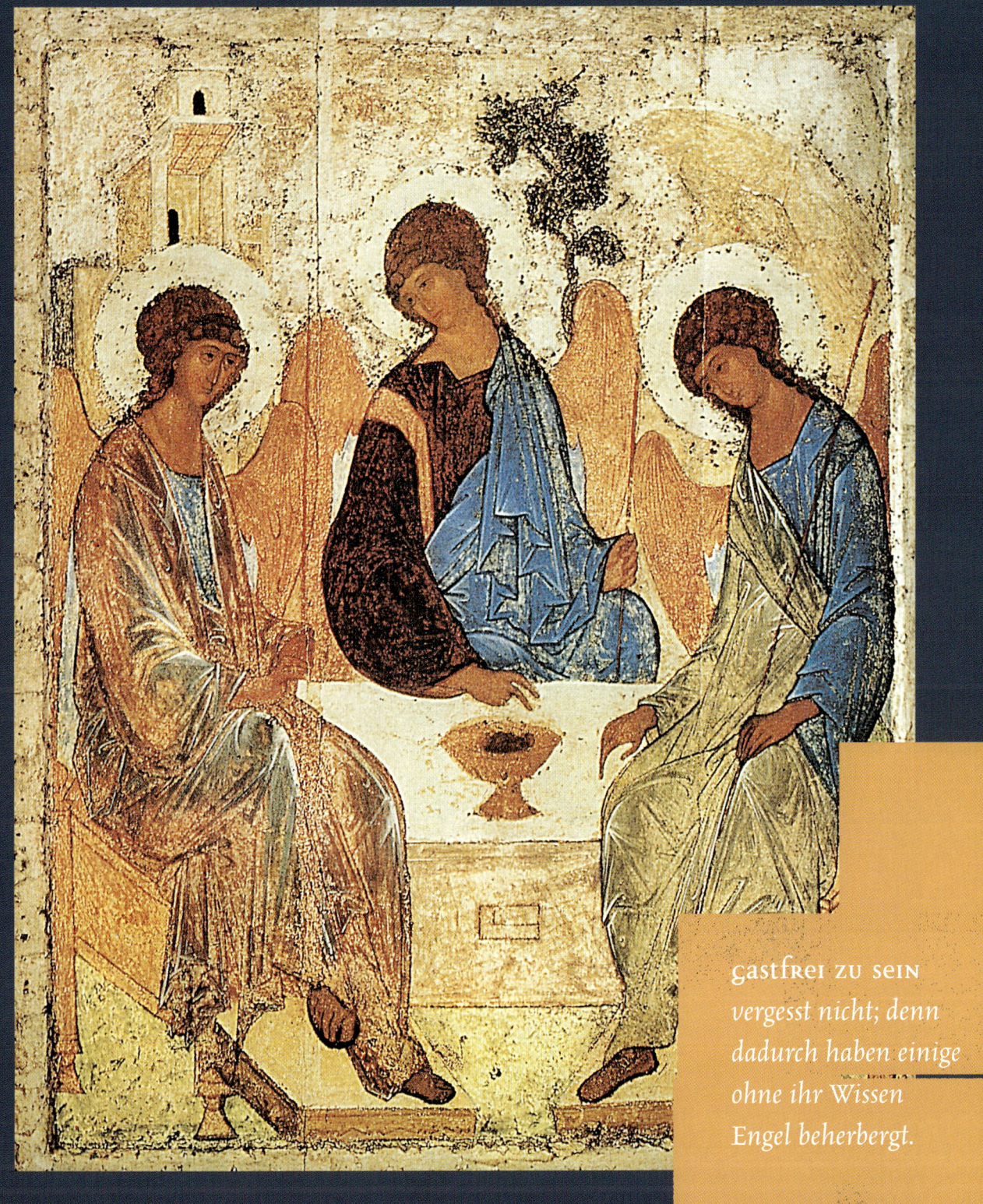

Der Engel in Sodom

ABRAHAM SCHAUT AUF Sodom herab. Aus der Erde steigt dichter Qualm auf. Pech und Schwefel regnete auf den Ort herab, so hielt der Herr Strafgericht über diese gottlose Stadt.

Dabei hat Abraham mit Gott um die Menschen gerungen. Ist es gerecht, wenn Gerechte und Ungerechte sterben müssen? Und wären fünfzig Gerechte in der Stadt oder vierzig, dreißig oder zwanzig oder gar nur zehn? So handelt Gott mit Abraham, er feilscht um das Leben von Sodom. Und Gott würde sie selbst um zehn Menschen, die ohne Sünde sind, nicht zerstören. Nicht die Bosheit der Vielen, sondern die Unschuld der Wenigen werden das Urteil Gottes bestimmen und damit das Schicksal von Sodom.

Zwei Engel machen sich sogleich auf nach Sodom. Sie suchen Lot auf, den Neffen Abrahams. Sie sind gekommen, die Stadt zu zerstören, aber es besteht noch Rettung, und gäbe es nur zehn Menschen ohne Sünde, es würde reichen. Lot empfängt sie gastfreundlich und will sie beschützen, denn schon umstellen Männer aus Sodom das Haus. Sie wollen sich an den Engeln vergehen. Lot will gar seine Töchter ausliefern, um alles in der Welt will er die Engel schützen; und zuletzt sind es die Engel, die eingreifen müssen, die Lot retten, ihn und seine Familie. Und es sind weniger als zehn.

Die Stadt ist dem Erdboden gleichgemacht worden. Alles Bitten, alles Ringen, alles Hoffen half nicht, es war alles vergeblich gewesen. Aber von nun an wird das Leben der Gerechten der Maßstab der Gerechtigkeit Gottes sein. Und zuletzt wird allein das Leben eines einzigen Gerechten der Maßstab der Gerechtigkeit Gottes für alle Menschen sein.

Der Engel in der Wüste

Lange bevor Sara Abraham
den ersehnten Sohn Isaak gebar,
schenkte Hagar ihm Ismael.
Und beide Kinder wuchsen heran,
und mit ihnen wuchs auch der Neid.
Abraham wurde es schwer ums Herz,
aber weil seine Frau es wollte,
verstieß er Hagar und mit ihr Ismael.
Er schickte sie in die Wüste.
Die Sonne brannte und sie irrten umher,
das Wasser reichte nicht,
sie würden sterben müssen,
das Kind schrie,
die Mutter verbarg ihr Gesicht
und weinte.
Gott hörte das Schreien des Kindes,
und der Engel erhörte das Flehen der Mutter.
Und ihr wurden die Augen geöffnet,
und sie sah vor sich einen Brunnen,
lebendiges Wasser inmitten der Wüste.
So erbarmt sich Gott der Schwachen
und sendet seinen Engel, uns zu retten.
Ismael – Gott ist mit dir.
Hat die Mutter das vergessen?
Gott hat es nicht vergessen.
Er sendet seinen Engel auch zu uns.

Isaaks Opferung

IN DER FRÜHE des Morgens haben sich Abraham und Isaak aufgemacht zum Berg Morija. Drei Tage sind sie gegangen und haben geschwiegen. Drei Tage quälendster Gewissheit, denn dem Vater war ja aufgetragen worden, seinen Sohn zu opfern. Den, den er liebte ohne Maßen, für den er alles opfern würde, für den er selbst sterben würde, ausgerechnet ihn sollte er töten. Wer vermag das auszuhalten? Es muss seinem Herzen einen Riss gegeben haben.

Musste Abraham an Gott nicht irrewerden? Nicht nur, dass er ihm den Sohn nehmen wird, was grausam genug war, zugleich würde die Verheißung, zu einem großen Volk zu werden, aufgehoben. Abraham hatte Grund, am Leben zu zweifeln, am Glauben zu verzweifeln. Er hat sich auf Gott verlassen und nun würde er alles verlieren. Und doch weicht er nicht, er geht selbst in diese tiefste Dunkelheit der Gottesferne. Er hält seinem Herrn auch jetzt noch die Treue.

Mein Vater, so spricht ihn Isaak an. Und unschuldig erkundigt er sich nach dem Opfertier. Abraham weicht aus, er wird seinen Sohn auf den Altar binden, wird mit dem Messer ausholen und dann – in letzter Minute – greift der Engel ein, die Rettung in letzter Sekunde. Abraham hat bis zuletzt ausgehalten, er hat den Glauben bewahrt, hat ihn selbst in dieser äußersten Gottesferne noch bewahrt. Von da an hat Gott keinen Menschen mehr so tief und so weit in seine dunklen Seiten geführt, niemandem hat er mehr dieses Äußerste abverlangt. Er wird es nur noch von sich selbst verlangen, als er seinen Sohn, den er liebte, geopfert hat auf Golgatha. Da griff kein Engel ein, da starb der Sohn am Kreuz, da überwand der Sohn den Tod.

mein gott, alles
könntest du von
mir verlangen, nur das eine,
dass ich mein Kind hingäbe,
und sei es für dich:
Ich könnte es nicht.
Ob ich zu schwach wäre
oder mein Glaube?
Ob ich an einen Gott
glauben könnte, der
dies von mir verlangte?
Mein Gott, du hattest nur
einen Sohn, einen einzigen,
den hast du geopfert
für die Menschen,
für alle, auch für mich.

Jakobs Traum

IN DER FREMDE ist Jakob, geflohen in die Nacht hinein. Er hat alles hinter sich abbrechen müssen, verloren hat er die Familie, die Heimat und auch Gott. Müde ist er und verzweifelt, am Ende seiner Kräfte und seines Lebens. Da fällt er in einen tiefen Schlaf, der ihn alles vergessen lässt.

Dass es Stätten gibt, die dem Göttlichen besonders nahe sind, war auch dem alten Orient ein vertrauter Gedanke. Er dachte an Treppen oder auch Rampen, auf denen göttliche Wesen zur Erde hin-  absteigen und sich wieder in die Höhe begeben. Es mag sein, dass Bethel, das »Haus Gottes«, ein solcher Ort war. Und es mag auch sein, dass wir bisweilen solcher Orte bedürfen, um dem Himmlischen ganz nah zu sein. Jakob ist unvermutet auf diese Stelle gestoßen. Vielleicht wird es uns bisweilen ganz ähnlich gehen. Wenn wir Gott in der Ferne wähnen, wenn wir uns gottverlassen meinen, ist er schon längst auf unseren Weg getreten. Wenn wir uns aufgegeben haben, dann steht er neben uns und hält uns fest. Wir meinen, in die Irre gegangen zu sein, und dabei kann es auch sein, dass unser Weg durch all die Widerfährnisse und Tiefen direkt zu Gott geführt hat.

Dem, der auf der Flucht ist, gibt er Heimat; den, der fortgegangen ist, lässt er ankommen. Gottes Verheißung reicht durch die Nacht und über den Tag hinaus. Den, der seine Familie verloren zu haben scheint, will er zu einem großen Volk machen. Weil Jakob Gott in der Tiefe seines Leben erfahren hat, kann er zum Erzvater Israels werden.

Jakobs Kampf

UND WIEDER STEHT Jakob an der Grenze, doch diesmal kehrt er zurück. Er muss über den Fluss Jabbok, und was dann auf ihn warten wird, das weiß er nicht. Sein Bruder will endlich mit ihm abrechnen. Es gibt Wunden, die heilen auch nach Jahren nicht. Sie vernarben und können im nächsten Moment wieder aufplatzen. Seinem Namen Jakob, der übertragen „Betrüger" bedeutet, hat er alle Ehre gemacht. Er hat betrogen und ist selbst betrogen worden. Er hat seine Lehren gezogen und seine Erfahrungen gemacht. Er ist ein anderer geworden. Erfolgreich war er dennoch gewesen. Er floh in der Nacht und hatte nicht mehr, als er auf dem Leibe trug; nun kommt er als gemachter Mann zurück. Aber noch hat er nicht alle Proben bestanden, die schwerste Prüfung steht noch aus. Jenseits des Jabboks wird ihn sein Bruder erwarten, am Fluss aber ist es Gott selbst, der an der Grenze steht. In der Nacht wird er mit dem Engel ringen müssen, ihn hat er zu überwinden. Und der Engel greift nach ihm und würgt ihn, und Jakob braucht seine ganze Kraft, sein ganzes Geschick, um nicht zu unterliegen.

In wie viel dunklen Nächten ringen wir mit Gott, rinnt von unserer Stirn Schweiß, wachen wir schweißgebadet auf? Wird Jakob Erzvater sein können, wenn er nicht auch diese äußerste Gotteserfahrung gemacht hat? Werden wir reifen und auch über uns selbst hinauswachsen können, wenn unser Leben nicht auch durch Tiefen hindurchgegangen ist? Es ist eines der dunkelsten Kapitel der Bibel und eines der schwersten des Lebens. Bis zum beginnenden Morgen kämpfen sie, und Jakob ringt Gott den Segen ab. Am nächsten Tag wird er seinem Bruder begegnen, und sie werden sich versöhnen. In dieser schweren Nacht ist Jakob über sich selbst hinausgewachsen.

Bileam begegnet dem Engel

Es kann auch einmal sein,
dass sich ein Engel uns in den Weg stellt.
Unser Blick ist allein auf das Ziel gerichtet,
wir schauen nicht nach links noch nach rechts,
wir wissen, wohin es gehen soll, und nichts
soll uns davon abhalten, so denken wir.

Bileam, der Seher, hatte einen klaren Auftrag,
er sollte Israel verfluchen; so machte er sich auf.
Unterwegs aber begegnete ihm der Engel,
er stand mit dem Schwert vor ihm,
aber es sah ihn nur die Eselin und hielt an.
Bileam jedoch trieb das Tier weiter an.
Dreimal stellte sich der Engel ihnen in die Quere,
dreimal schlug Bileam die Eselin, bis sie zuletzt redete.
Da erkannte auch ihr Herr den Engel, und zum Erstaunen
aller Umstehenden segnete Bileam das Volk Israel.
So machte Gott einen heidnischen Seher zu seinem Propheten.

So kann es manchmal der Engel sein,
der uns von unseren Plänen abbringt,
der Schlimmeres verhütet und uns so rettet.
Und vielleicht werden wir es später erkennen,
auf welchem Weg uns der Engel zum Ziel geführt hat,
was wir seiner Ausdauer und seiner Entschiedenheit
zu verdanken haben.

Der Engel stärkt Elia

Elia, DER GOTTESMANN, der Eiferer für seinen Herrn, muss fliehen. Wie Jakob muss er um sein Leben bangen, und seine Beine tragen ihn, bis er vor Erschöpfung zusammensackt. Er hat sich stark gefühlt und mächtig, er hat Gewaltiges vollbracht und für seinen Gott gestritten. Nun spürt er in sich die Leere und weiß, dass er nicht besser ist als alle anderen vor ihm. Mitten im Leben fühlt er sich lebenssatt, erschöpft und müde. Er sehnt sich nach einer Ruhe, die kein Aufwachen mehr kennt, nach einer Nacht, der kein Tag mehr folgt.

Da berührt ihn ein Engel, und er gibt ihm Brot und Wasser. Er trinkt und isst, er spürt die Kräfte in sich zurückkehren. Der Engel spricht zu ihm, und er findet das Leben wieder, denn Gott hat noch viel mit ihm vor. Nicht aus sich heraus wird er sein Werk vollbringen, nicht mit Macht wird er seinen Auftrag vollenden. Allein weil Gott uns nährt und seine Engel um uns sind, können wir tun, wozu er uns sendet.

Mein müdes Haupt möchte
ich in deinen Schoß legen,
und alles, was mich beschwert,
soll dann von mir abfallen.
An deiner Seite will ich ruhen,
und du wirst meinen Schlaf bewachen,
bis ich dann gestärkt aufwache.
Komm und iss, höre ich dich sagen,
du hast noch einen weiten Weg vor dir.
Und ich spüre, wie deine Hand
sanft meine Schulter berührt.

Das feuer hat er entfacht,
übermächtiger und verzehrender Gottesbeweis,
aber seinen Gott hat er dort nicht gefunden,
sondern im leichten Hauch des Windes,
in der sanften Berührung durch einen Engel.

eINEN ENGEL WÜNSCHTE
ich mir, der auf meinen
Weg tritt, der mich begleitet,
der mich, wenn ich verzagt bin,
aufrichtet, und wenn ich zweifle,
mir die Richtung weist,
der mit mir lacht und
der meine Tränen trocknet.
Er müsste geduldig sein und
hätte auch manches zu erdulden,
er dürfte nicht nachtragend sein,
sondern eher nachsichtig,
und doch würde er auch
bisweilen Nein sagen müssen,
ich würde es verstehen,
aber wahrscheinlich erst später,
doch Gott sei Dank,
dem Engel sei Dank, nie zu spät.
Einen Engel wünschte ich mir,
heute und für jeden Tag.

Der Engel begleitet Tobias

TOBIAS IST SEINEM Gott treu geblieben, obwohl er fern der Heimat in Ninive lebt und viele seiner Stammesgenossen zu den Götzen abgefallen waren. Er aber hält sich an die Gebote des Herrn und bestattet aller angedrohten Strafe zum Trotze die Toten seines Volkes. Als er sich im Schutze einer Mauer niederlegt, fällt Schwalbendreck auf seine Augen und er erblindet. Da sendet er seinen Sohn, der ebenfalls Tobias heißt, nach Medien, um einen alten Schuldschein einzulösen. Rafael, der Engel, wird ihn inkognito begleiten, er wird ihm beistehen und helfen. Sie machen Station bei Raguel, dem Bruder des Vaters. Tobias wird um die Tochter Sara werben und sie dank des Engels von einem Dämon befreien. Und zu guter Letzt wird auch der Vater sein Augenlicht wieder erhalten. Und als dann am Ende sich alles zum Guten gewendet hat, gab sich auch der Engel zu erkennen.

»Gott sei mit euch auf dem Wege, und sein Engel geleite euch!«, so verabschiedete der Vater den Sohn und seinen Begleiter, nicht ahnend, dass er seinem Kind bereits einen Engel mit auf den Weg gegeben hat. Märchenhafte Züge trägt dieses kleine apokryphe Buch Tobias, das einst sehr beliebt war. Seine Volkstümlichkeit ließ es einst weite Verbreitung finden. Dazu gehört auch die Erzählung von der Begleitung des Reisenden durch den Engel, der hilft, der beisteht, der rettet. Und gleicht unser Leben einer langen Reise durch die Zeit, so hoffen auch wir angesichts all der Hindernisse und Gefahren auf einen solchen Begleiter, der nicht von uns weicht.

Der Erzengel Michael

mit **den ersten** Menschen kam die Sünde in die Welt, denn sie wollten sein wie Gott. Der jüdische Mythos vom Engelsturz indes weiß von einem Aufstand der Engel im Himmel zu berichten. Als Gott seinem Hofstaat berichtete, er werde den Menschen nicht nach dem Urbild der Engel erschaffen, sondern nach seinem eigenen Abbild, empörte sich Satanael, der alle anderen Engel an Schönheit, Macht und Herrlichkeit übertraf und darum an ihrer Spitze stand. Er fiel von Gott ab und war voller Hass gegen das zukünftige Menschengeschlecht.

Da beauftragte der Herr den Engel Micha, die aufrührerischen Engel aus dem Himmel zu verstoßen. Er verlieh ihm die Gottesbezeichnung El. Drei Tage kämpften Michael und Satan mit ihren Engeln gegeneinander, dann waren die Widersacher Gottes besiegt. Ihr Herrschaftsbereich war von nun an die Erde, so ist der Satan zum »Fürsten dieser Welt« geworden. Der Himmel aber war vom Jubel der Engel erfüllt.

»Jetzt ist das Heil angebrochen, die Macht und die Herrschaft unseres Gottes und die Gewalt unseres Messias! Denn gestürzt ist der Ankläger unserer Brüder, der sie anklagte vor unserem Gott Tag und Nacht.« Die Offenbarung gibt so den himmlischen Jubel wieder. Sie berichtet von dem Kampf Michaels über den Satan, der als Drache in der Endzeit wiederkehrt. Als Schlange hat er einst Adam und Eva verführt, er ist der Inbegriff des Bösen und der ständige Ankläger des Menschen vor Gott. Michael besiegt den Drachen, aber erst in einem letzten Kampf wird das Böse endgültig vernichtet, der Drache wird in den Feuersee geworfen. Alle Not ist nun überwunden, kein Leid, keine Angst und keinen Tod wird es mehr geben. Diese Zukunft ist der Welt verheißen.

Der Evangelist Matthäus

Der engel an deiner Seite,
er weicht nicht von dir.
Er ist Bote wie du.
Du gehst noch einmal all die Seiten durch,
kritisch prüfend, ob nicht etwas fehle.
Und was immer du bislang geschrieben hast,
dieses ist anders, hier ist mehr.
Du hast gesammelt und geordnet,
du hast dir viele Gedanken gemacht
und weißt doch, dass das alles
nicht reichen wird.

Es bleiben nur Buchstaben,
verwechselbar und zufällig,
belanglos gar und schon bald vergessen,
wenn ihnen nicht jemand den Geist einhaucht,
sie zu Leben erweckt,
die Worte eine Botschaft werden lässt,
die inmitten der Zeit die Ewigkeit,
die in dieser Welt das Jenseits bezeugt,
die uns in unserer Alltäglichkeit findet
und unsere Gedanken auf das Zukünftige richtet.

Das vermag kein Mensch, kein Prophet,
kein Apostel, kein Evangelist, auch Matthäus nicht,
dazu bedarf es des Wirkens des Gottes,
wir brauchen den Engel und sein Wort.

DER ENGEL kam zu ihr hinein und sprach: Sei gegrüßt, du Begnadete! Der Herr ist mit dir! Sie aber erschrak über die Rede und dachte: Welch ein Gruß ist das? Und der Engel sprach zu ihr: Fürchte dich nicht, Maria, du hast Gnade bei Gott gefunden. Siehe, du wirst schwanger werden und einen Sohn gebären, und du sollst ihm den Namen Jesus geben. Der wird groß sein und Sohn des Höchsten genannt werden; und Gott der Herr wird ihm den Thron seines Vaters David geben, und er wird König sein über das Haus Jakob in Ewigkeit, und sein Reich wird kein Ende haben.

LUKAS 1,28-33

Der Engel kündigt die Geburt Jesu an

am Rande erzählt der Maler die Geschichte, mit der es begann und die für alles Weitere die Voraussetzung ist. Er erinnert an die Vertreibung von Adam und Eva aus dem Paradies. Der Engel mit dem Schwert versperrt seitdem den Rückweg, und das Menschengeschlecht muss sich auf Erden einrichten. Die Mühe ist über sie verhängt worden und auch der Tod, um der Sünde willen ist der Mensch verflucht. Wie eine Seitennotiz taucht der Hinweis auf, aber wie sonst sollte man verstehen, was nun geschieht.

Die Phantasie des Malers hat die Szene von der Ankündigung der Geburt Jesu beflügelt. Der kleine und bescheidene Raum in dem einfachen Haus in Nazareth, in das ein winziges Fenster Licht warf, hat sich geweitet und geöffnet. Der Betrachter schaut in eine prächtige Halle, sieht eine Frau in wertvolle Kleider gehüllt. Erstaunt blickt sie auf, auf ihrem Schoß das Buch noch aufgeschlagen. Vielleicht liest sie das Buch des Propheten Jesaja, der die Geburt eines Kindes ansagt, das alle Not dieser Welt zu Ende bringen wird, das die Sehnsucht nach Frieden erfüllen wird.

Kaum ein Motiv der Bibel ist so oft gezeichnet, gemalt, kopiert und gedruckt worden wie das der Ankündigung der Geburt Jesu. Die Künstler haben unendlich viele Variationen ersonnen, um zu erzählen, wie dieses Wunder geschah, wie Gott in die Welt kam und sie für alle Zeiten veränderte. Sie haben dem Engel und Maria ihre Gesichter gegeben, ganz dem Auftrag verschrieben, aufmerksam zuhörend, mit einer Geste die Wichtigkeit unterstreichend, demütig sich verneigend. Das Wort, das das Heil ankündigt, in goldene Lettern gefasst, es gilt ihr und allen Menschen. Ein Engel hat das Paradies verschlossen, ein Engel hat uns den Himmel geöffnet.

Die Botschaft an die Hirten

UNDURCHDRINGBAR WAR DAS Dunkel, das sie umgab. Sie saßen beim schwachen Schein ihres Feuers. Ihre Gesichter schauten ins Leere. Als Kinder waren sie schon mit den Schafen gezogen, genauso wie ihre Väter und Großväter, wie all die Männer vor ihnen. Seit Generationen haben sie ihr Schicksal getragen. Es war ihnen von Kindesbeinen an vertraut gewesen, dass sie verachtet waren und verstoßen.

Aber in dieser Nacht wurde ihr Leben verändert. Sie alle sahen das Licht, das wie ein großer Schatten über sie kam. Sie rieben sich die Augen, ihnen verging Hören und Sehen. Sie kamen aus dem Staunen nicht mehr heraus. Von Engeln hatten sie gehört, aber sie verirrten sich sicherlich nicht zu ihnen in diese Öde. Auf die Geburt des Messias hatten sie gehofft, aber er käme gewiss nicht zu ihnen nach draußen. Aber das Licht und die Stimme dieses Engels, da waren Worte, die sie vorher nie gehört hatten.

Sie sollten Zeugen sein, aber würden die Menschen ihnen glauben? Sie kannten die in Bethlehem und in den anderen Städten, die würden abwinken und sie rauswerfen. Aber für sich selbst wollten sie das Kind sehen, sie wollten es mit ihren eigenen Händen betasten. Kann das sein, dass Gott ihnen so nahe kommt? Darf das sein, dass er in diese kalte und dunkle Nacht hineingeboren wird? Aber wie kann es sonst hell werden, wenn sein Licht nicht auch dieses Dunkel durchdringt? Sie nickten einander zu. Sie wollten sehen und Boten sein, vielleicht wie die Engel, vielleicht für Menschen wie sie, die nichts mehr vom Leben erwartet haben und für die es plötzlich hell wurde. Das Licht würde die Welt erhellen, das wussten sie.

eHRe sei gott
in der Höhe,
und Friede
den Menschen
in der Tiefe.
Ehre sei Gott,
der in die Tiefe kommt
und den Menschen
erhebt.
Ehre sei Gott,
der den Himmel
die Erde berühren lässt.

Dᴇᴍ ᴀʟʟᴇ ᴇɴɢᴇʟ *dienen,*
wird nun ein Kind und Knecht.
Gott selber ist erschienen
zur Sühne für sein Recht.
Wer schuldig ist auf Erden,
verhüll nicht mehr sein Haupt.
Er soll errettet werden,
wenn er dem Kinde glaubt.

Jᴏᴄʜᴇɴ Kʟᴇᴘᴘᴇʀ

Die Geburt Jesu

S o oft DIE Geburt Jesu auch dargestellt worden ist, sie ist stets für die Gegenwart gemalt worden. Gott kommt auf die Welt und tritt in unsere Zeit hinein. Alessandro Botticelli notiert, dass er sein Bild 1500 gemalt hat. Kein anderes seiner Werke hat er datiert, bei diesem aber war es ihm wichtig. Florenz, die Stadt, in der er lebte, war von großen Unruhen erschüttert. Als sei, wie es in der Offenbarung des Johannes angekündigt worden war, der Teufel auf die Menschen losgelassen worden. Er bedroht die apokalyptische Frau und das Kind, die Engel aber überwinden den Teufel. Mit diesem Werk feiert Botticelli den Sieg.

Übergroß in der Mitte: die Heilige Familie, demütig betend Maria, gebeugt kniend Josef, mit weit zur Mutter hingestreckten Armen das Kind. Edle Männer und einfache Hirten werden von den Engeln herbeigeführt und in der Anbetung angeleitet. Auf dem Dach des Stalles preisen drei Engel die Geburt des Kindes, und der Reigen der Himmelsboten reicht bis in den Himmel hinein. Im Vordergrund umarmen sich Engel und Menschen innig. Auf den Spruchbändern ist die Botschaft zu lesen: »Friede den Menschen, die guten Willens sind«. Der Satan ist überwunden, die Teufelchen müssen sich in die Unterwelt zurückziehen. Am Horizont zieht der neue Tag auf, Botticelli hofft auf ein neues friedliches Jahrhundert für Florenz und die ganze Welt. Mehr als 500 Jahre sind seit diesem Bild vergangen, mehr als zwei Jahrtausende liegt diese Geburt zurück, die Sehnsucht nach Frieden ist seitdem nicht geschwunden. Die Geburt dieses Kindes, von dem die Engel singen, ist das Unterpfand unserer Hoffnung.

Die himmlischen Chöre

Wenn nur einmal,
ein einziges Mal,
alle Klagen verstummten,
keines Menschen Schrei
durch die Nacht ginge,
wenn Mütter nicht mehr
nach ihren Kindern riefen
und kein Kind mehr weinen müsste.
Wenn es nur einmal,
ein einziges Mal,
vielleicht für eine
einzige Nacht nur,
kein Leid und keine Angst gäbe,
für niemanden.
Dann würden wir alle
die Stimmen der Engel hören,
die zu uns die Sphären
durchwanderten,
und nichts würde sie
mehr übertönen.
Dann würden wir
mit einstimmen
in ihren Lobgesang,
und die Botschaft würde
die ganze Welt erfüllen,
dass nun endlich Friede sei,
für diese Nacht und jeden Tag.

Die Flucht nach Ägypten

Zärtlich berührt der Engel Josef. Er ist in tiefen Schlaf versunken. Er träumt von dem, was war, von dieser Nacht und all den Menschen, die sich in diesen kleinen Stall drängten: den Hirten, die von den Hürden gekommen waren, um zu sehen und zu staunen, und von den Weisen, die kostbare Gaben in den Händen hielten. Im Traum lauscht er noch immer den Melodien der Engel, die Himmel und Erde erfüllten. Sanft weckte ihn der Engel.

Josef tat, wie ihm befohlen war, er nahm das Kind und die Mutter und sie brachen auf. Der Esel trug die beiden durch die Nacht. Von Rama her hörten sie die Schreie der Kinder und der Mütter, die die Nacht zerrissen. Was muss das für eine Welt sein, in der die Mächtigen selbst den Unschuldigsten nach dem Leben trachten? Und welches Schicksal ist über dieses Kind verhängt? Kann es den Frieden in diese Welt bringen, wo es doch schon von Beginn an auf der Flucht ist? Wird sein Leben nicht stets unstet sein, weil sich immer wieder die Menschen an ihm reiben werden?

So fliehen sie, wie all die Menschen vor und nach ihnen. Sie suchen die rettende Grenze zu überschreiten, sie hoffen, dass ihre Boote das sichere Ufer erreichen. Sie haben nichts als ihr Leben, alles andere haben sie zurücklassen müssen. Ihr letztes Hab und Gut haben sie oft genug den Schleppern aushändigen müssen, die mit ihrer Not noch ein Geschäft machen. In eine ungewisse Zukunft geht ihr Leben, und sie wissen nicht, ob sie zurückkehren werden. Der Engel aber wird dieses Kind zurückbringen. Der die Welt erlösen soll, wird in Israel erwartet.

Accipe puerum et matrem ... abi in egyptum

37

Die Versuchung Jesu

Vierzig Jahre war Israel
in der Wüste gewesen, um sich zu bewähren
für die Rückkehr in das Gelobte Land.
Vierzig Tage und Nächte war Jesus
in der Wüste gewesen,
um allen Versuchungen standzuhalten.
Der Teufel begegnete ihm mit List:
Wenn er wirklich der Messias wäre,
dann könnte er Steine in Brot verwandeln.
Wenn er wirklich Gott vertraute,
dann könnte er sich
von der Zinne des Tempels stürzen.
Und wenn er schon
all diesen Verführungen widerstanden hat,
dann gab es die letzte noch,
der Griff nach der Macht, nach dem,
was ihm versprochen war, der Weltenherrschaft.
Aber nicht um des Teufels willen,
nur um Gottes willen, antwortete er.
Da verließ ihn der Teufel,
Engel kamen und dienten ihm
wie einst dem Elia.
Sie stärkten den schwachen Leib,
sie richteten den Ermatteten wieder auf.
Der Macht hat er widerstanden,
nur so konnte er der Messias sein,
der Herr der Welt.

Die Geschichte von der Versuchung steht am Anfang des Wirkens Jesu. Zu Beginn seiner Leidensgeschichte steht die Erzählung von Gethsemane, in der Jesus um seinen künftigen Weg ringt. Botticelli lässt einen Engel Jesus symbolisch den Kelch reichen, von dem dieser den Vater bittet, dass er an ihm vorübergehen möge. Aber auch jetzt möge allein der Wille Gottes geschehen, und Jesus nimmt den Kelch an.

Die Beweinung Jesu

V ON EINEM ENGEL, der den Leichnam gehalten haben soll, erzählt die Bibel nichts. Allerdings wird auch nicht berichtet, dass der Gekreuzigte in den Armen Marias geruht haben soll. Und doch ist gerade diese Szene eines der beliebtesten Andachtsmotive. Hier findet der Schmerz seinen stärksten Ausdruck, seine größte Innigkeit. Die Arme der Mutter haben ihn schon einmal so gehalten, ganz am Anfang. Da haben sie ihn geborgen und beschützt, da konnten sie noch alles Unheil abwehren. Nun aber war der Gottessohn der Welt wehrlos ausgeliefert. Sie hat ihm nachgestellt, ihn zu Fall gebracht, ihn ans Kreuz gebracht.

Verhüllt denn der Tod des Gottessohnes nicht auch den Himmel mit Trauer? Werden die Gottesboten, die mit dem Menschen bei der Geburt jubelten, jetzt nicht auch mit ihnen trauern? Empfindet nicht auch Gott in diesem Moment den Schmerz? Rücken nicht Himmel und Erde wieder zusammen? Und wie könnte das anders dargestellt werden als in der Gestalt eines Engels? Der Künstler lenkt den Blick des Betrachters hinauf zum Antlitz des Gekreuzigten. Wie Maria, die den Kopf stützt, und der Engel, der die vom Nagel durchbohrte Hand nach vorne hält, schaut er in das Gesicht Jesu. Nach den Kreuzesqualen umfängt ihn nun stiller Friede.

Dass auf diesem Weg des Unheils sich das Heil Gottes seine Bahn bricht, das ist allein den Augen der Glaubenden erkennbar. Sie wissen um das Geschick des Mannes aus Nazareth, sie kennen die Verheißung, sie harren der Auferstehung.

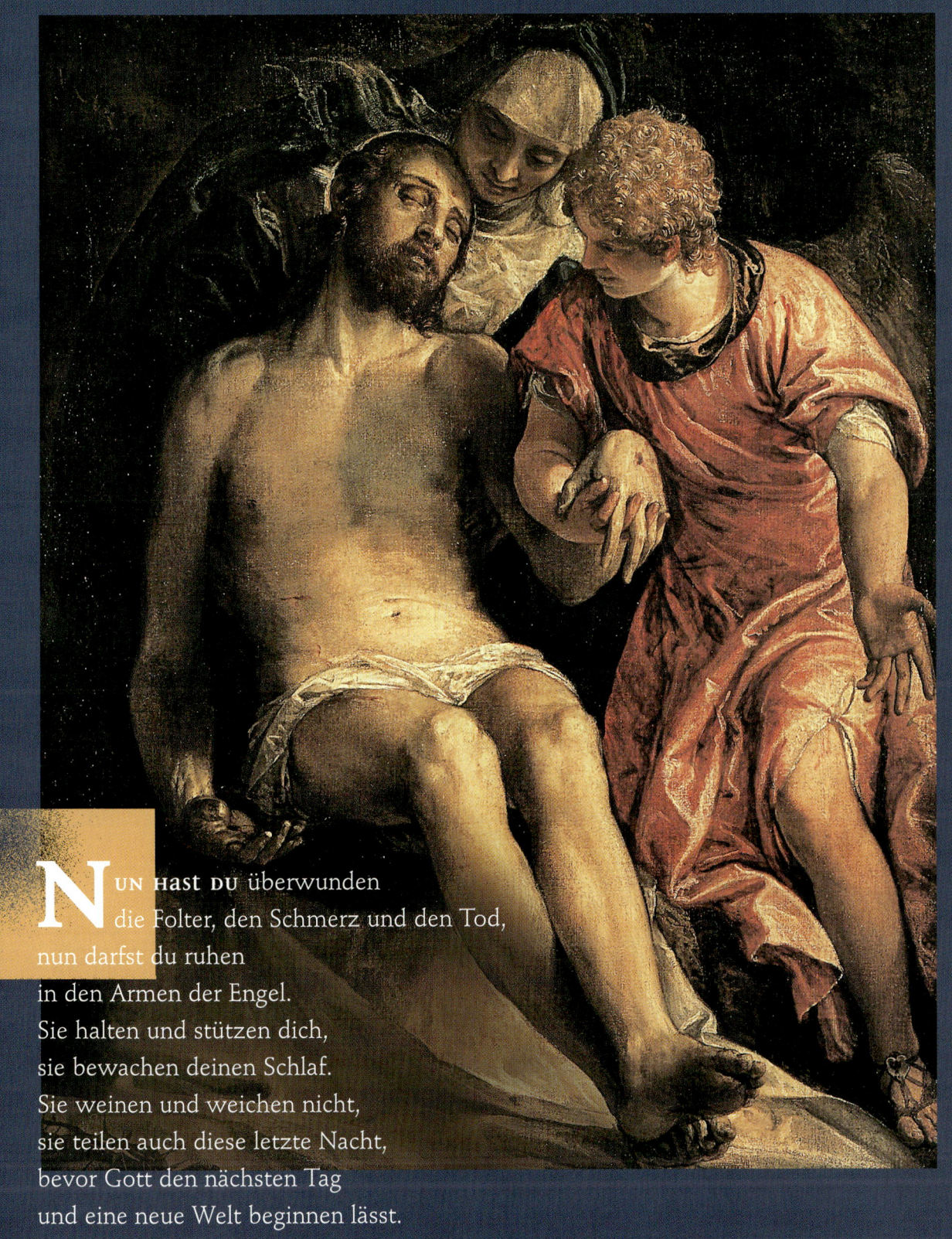

Nun hast du überwunden
die Folter, den Schmerz und den Tod,
nun darfst du ruhen
in den Armen der Engel.
Sie halten und stützen dich,
sie bewachen deinen Schlaf.
Sie weinen und weichen nicht,
sie teilen auch diese letzte Nacht,
bevor Gott den nächsten Tag
und eine neue Welt beginnen lässt.

Am Ostermorgen

SIE HÄTTEN es wissen müssen, er hat es ihnen gesagt. Sie haben ihn sterben gesehen, vom Kreuz sind sie nicht gewichen. Sie haben seinen Leichnam gehalten und ihn ins Grab gelegt. Haben sie da noch damit rechnen können, dass er auferweckt würde, wie er es gesagt hat? Dass alles zu Ende war, das haben sie gesehen, und mehr wussten sie nicht.

Die Frauen ahnten nichts von dem, was in der Nacht geschehen war, dass die Erde gebebt hat, dass das Grab aufgesprungen war, dass er zum Leben erweckt worden war. Kein Mensch hat das je gesehen und gehört, niemand wird das je begreifen können. Der Tod ist überwunden, er hat alle Macht verloren. Und wer sollte ihnen das mitteilen, wenn nicht ein Bote Gottes? Es ist die Botschaft des Himmels an die Erde, der Boden bebt. Diese Nachricht vermag die Welt nicht zu fassen, diese Botschaft wühlt die Erde auf. Die Frauen erschrecken und fliehen, aber das Evangelium ist nicht mehr aufzuhalten.

Das Wort des Engels bezeugt, dass das Leben den Sieg davongetragen hat. Jesus Christus ist auferstanden. Der Ruf hallt durch alle Sphären, der Lobgesang geht durch die Zeit. In einer Welt, die dem Tode verfallen zu sein scheint, ist dieser Ruf das trotzige und mutige Bekenntnis derer, die nicht aufgehört haben, zu glauben und zu hoffen. Wo Gewalt und Krieg das Feld zu behalten scheinen, ist er der offene Protest gegen Unterdrückung und Machtherrschaft. Wo wir an unseren Gräbern stehen und schwere Gedanken unsere Blicke zu Boden drücken, ist das Wort des Engels der Aufruf, dem Leben zu trauen.

Die Befreiung des Petrus

IN KETTEN GEFESSELT, von Soldaten bewacht – so groß ist die Angst vor den Christen. Im Kerker liegt Petrus, das Haupt der jungen Gemeinde. Sie betet für ihn, sie hofft für ihn, sie setzt auf Gott. Aber was kann schon geschehen? Die Mauern sind stark, das Eisen ist fest, die Wachen schlafen nicht. Da geschieht das Unbegreifbare, denn Gott verlässt die Seinen nicht.

Ein Engel kommt in das Gefängnis, er durchschreitet die Gänge und sprengt die Ketten. Petrus wird es nicht begriffen haben, ebenso wenig wie die Wärter, aber er ist frei. Er wird seine Hände gerieben und seine Beine gestreckt haben. Dann ist er dem Engel gefolgt, durch alle Verließe hindurch auf die Straße hinaus.

Wenn Gott zu uns kommt, wenn er seinen Engel zu uns schickt, dann brechen die Ketten entzwei, dann fallen die Fesseln von uns ab. Manchmal schauen wir zweifelnd und sehen nicht, dass die Tür schon längst geöffnet ist. Der Engel geht uns voran, er bahnt uns den Weg.

Die Friedensbotschaft

Wer können uns den Frieden bringen,
wenn nicht ein Engel?
Er geht von Tür zu Tür, unermüdlich,
klopft an, weckt auf, rüttelt wach.
Er versucht es unermüdlich.
Schalom lautet seine Botschaft,
Gottes Frieden für die Welt:
dass Waffen ruhen und Versöhnung wächst,
dass Hände weiter reichen als Gräben.
Menschen hätten aufgegeben, schon längst,
es müssen schon Engel sein,
die uns den Frieden bringen,
die unermüdlich klopfen an deiner Tür.

Inhalt

DER AUTOR

Werner Milstein, geboren 1955 in Gronau/Westfalen, aufgewachsen im Münsterland und in Erwitte bei Lippstadt, Studium der Theologie und Philosophie in Münster und Göttingen, seit 1986 Gemeindepfarrer in Rahden/Westfalen.

TEXTNACHWEIS

Die Bibelzitate sind entnommen aus: Lutherbibel, revidierter Text 1984, durchgesehene Ausgabe in neuer Rechtschreibung, © 1999 Deutsche Bibelgesellschaft, Stuttgart.

Die Schreibweise entspricht den Regeln der neuen Rechtschreibung.

BILDNACHWEIS

Seite 2:   Sandor Botticelli, Krönung Mariens mit vier Heiligen (um 1490, Ausschnitt)
Seite 4:   Franz von Stuck, Der Wächter des Paradieses (1889)
Seite 5:   Christian Rohlfs, Austreibung aus dem Paradies (um 1917), Holzschnitt übermalt, Schleswig-Holsteinisches Landesmuseum, © VG Bild-Kunst, Bonn 2003
Seite 6:   Jan Provost (1465-1520), Abraham, Sarah und der Engel (undatiert)
Seite 7:   Andrej Rubeljow, Dreifaltigkeit (1411)
Seite 8:   Gustav Moreau, Der Engel von Sodom (um 1885)
Seite 9:   James Tissot (1836-1902), Schutzengel (undatiert),
Seite 10: Rembrandt Harmensz van Rijn, Hagar und der Engel, 1640-1650
Seite 11: James Tissot, Hagar und der Engel in der Wüste (um 1896-1900)
Seite 13: Tizian, Das Isaakopfer, Deckengemälde (1542-1544)
Seite 14: Ferdinand Bol (1616-1680), Jakobs Traum
Seite 15: Abbot Anderesen Thayer (1849-1921), Geflügelte Figur auf Felsen
Seite 17: Eugène Delacroix, Jakobs Kampf mit dem Engel (1853-63)
Seite 18: Der Prophet Bileam, Buchmalerei Paris (zwischen 1258 und 1270)
Seite 19: Der Erzengel erscheint Bileam, Südtür der Geburt der Muttergottes Kathedrale in Suzdal (nach 1233)
Seite 20: Friedrich Overbeck, Der Engel weckt Elias unter dem Ginsterstrauch, 1807-1808
Seite 21: Dieric Bouts, Speisung des Elija (1464-67)
Seite 22: Adam Elsheimer (1578-1610), Tobias und der Engel
Seite 23: Schutzengel, russisch (Ende 18. Jh.)

Seite.25: William Blake, Der Engel Michael fesselt den Satan (ca. 1805)
Seite 26: Jusepe de Ribera (1591-1652), Hl. Matthäus mit dem Engel (um 1613)
Seite 27: Donatello (1386-1466), Symbol des Evangelisten Matthäus (nach 1446)
Seite 28: Fra Angeliko (um 1395-1455), Die Verkündigung an Maria (um 1432-1434)
Seite 31: oben: Verkündigung an die Hirten, Seite aus dem Perikopenbuch Heinrichs II, 1007- 21; unten: Arnulf Rainer, Engel (1992)
Seite 32: Sandro Boticelli, Die Mytische Geburt (um 1500)
Seite 34: Piero della Francesca (1416/17-1492), Die Geburt Christi (1470-1485; Ausschnitt)
Seite 35: Fra Angelico, Linaiulo-Tabernakel (1433, Ausschnitt)
Seite 36: Rembrandt Harmensz van Rijn, Der Traum Josefs
Seite 37: Duccio di Buoninsegna, Maèsta, Flucht nach Ägypten (1308-1311)
Seite 38: Romanische Bilderdecke, Versuchung Jesu, Zillis/Graubünden
Seite 39: Sandro Boticelli, Gebet Christi im Garten Gethsemane (um1500, Ausschnitt)
Seite 41: Veronese (1528-1588), Pietà (um 1581)
Seite 42: Rembrandt Harmensz van Rijn, Die Auferstehung Christi (1635/39)
Seite 44: Raffael, Entwurf zur Befreiung Petri (um 1512)
Seite 45: Raffael, Befreiung Petri, Detail aus der Stanza di Eliodoro (1511-1514)
Seite 46: Melozzo da Forlí (1438-1494), Engel mit Laute

© AGENTUR DES RAUHEN HAUSES HAMBURG 2003
Gestaltung und Satz: groht.communications, Hamburg
Lithos: connected 2000 GmbH, Hamburg
Druck: Proost Groupe CPI, Turnhout, Belgien

Der Umwelt zuliebe gedruckt auf chlorfrei gebleichtem Papier

ISBN 3 7600 1520-4
(Ausgabe mit Bronzeengel), Best.-Nr. 1 1520-4
ISBN 3 7600 1522-0
(Ausgabe ohne Bronzeengel), Best.-Nr. 1 1522-0